LES NÉGOCIATIONS

DE

VALEURS COTÉES

EFFECTUÉES

PAR L'INTERMÉDIAIRE DES COULISSIERS

DEVANT LA JURISPRUDENCE

PAR

A. GEOUFFRE DE LAPRADELLE et H. LÉVY-ULLMANN

AVOCATS A LA COUR D'APPEL

Chargés de Conférences de Droit commercial à la Faculté de Droit de Paris

(Extrait des Annales de Droit commercial français, étranger et international, 1896)

Prix : 2 fr. 50

PARIS

LIBRAIRIE NOUVELLE DE DROIT ET DE JURISPRUDENCE

Arthur ROUSSEAU, Éditeur

14, RUE SOUFFLOT, ET RUE TOULLIER, 13

1896

LES NÉGOCIATIONS

DE

VALEURS COTÉES

EFFECTUÉES

PAR L'INTERMÉDIAIRE DES COULISSIERS

DEVANT LA JURISPRUDENCE

DES MÊMES AUTEURS

De la Nationalité d'origine (Droit comparé. Droit interne. Droit international), par A. GEOUFFRE DE LAPRADELLE. [Ouvrage couronné par la Faculté de droit de Paris. Concours de doctorat, 1891. Médaille d'or]. Paris, Giard et Brière, 1893.

Théorie et pratique des Fondations perpétuelles. Histoire, jurisprudence, vues critiques et législatives, par A. GEOUFFRE DE LAPRA-DELLE. [Ouvrage couronné par la Faculté de droit de Paris. Prix de thèses]. Paris, Giard et Brière, 1894.

Traité des Obligations à primes et à lots, par H. LÉVY-ULLMANN. Paris, Larose, 1895. (*Épuisé.*)

LES NÉGOCIATIONS

DE

VALEURS COTÉES

EFFECTUEES

PAR L'INTERMÉDIAIRE DES COULISSIERS

DEVANT LA JURISPRUDENCE

PAR

A. GEOUFFRE DE LAPRADELLE ET H. LÉVY-ULLMANN

AVOCATS A LA COUR D'APPEL

Chargés de Conférences de Droit commercial à la Faculté de Droit de Paris

(Extrait des Annales de Droit commercial français, étranger et international, 1896)

PARIS

LIBRAIRIE NOUVELLE DE DROIT ET DE JURISPRUDENCE

Arthur ROUSSEAU, Éditeur

14, RUE SOUFFLOT, ET RUE TOULLIER, 13

1896

LES NÉGOCIATIONS

DE

VALEURS COTÉES

EFFECTUÉES

PAR L'INTERMÉDIAIRE DES COULISSIERS

DEVANT LA JURISPRUDENCE

Les agents de change trouvent dans le Code de commerce, à l'article 76, le principe d'un monopole plusieurs fois séculaire. Les opérations de bourse intéressent trop vivement la fortune publique et privée pour que le législateur n'ait pas pris soin de les confier, de bonne heure, à la négociation exclusive d'une corporation privilégiée. — Dès 1423 (17 juillet) une déclaration royale porte que « nul ne pourra faire de change en France sans congé du Roy » (1). L'édit de juin 1572, relatif, d'après sa rubrique « aux courretiers de change », place l'exercice de la profession dans les mains de ceux qui auront obtenu du roi des « lettres de provision » (2). Le monopole ainsi créé, puis confirmé par une série de dispositions ultérieures, s'énonce d'une façon formelle et précise dans le texte capital d'un arrêt du Conseil du 24 septembre 1724, d'après lequel « S. M. permet à tous marchands, négociants, banquiers et autres de négocier entr'eux les lettres de change, billets au porteur ou à ordre, sans l'entremise des agents de change ; et, à l'égard de tous les autres effets et papiers commerçables, ils ne pourront estre négociez que par l'entremise des agents de change » (art. 18) (3). Même quand le cadre ancien des corporations s'est brisé, le privilège des agents de change, un instant aboli [2-17 mars 1791] se réorganise [Loi du 8 mai 1791, art. 2, 6, 7, 8, 12], puis reprend toute sa force dans la loi du 28 vendémiaire an IV, la garde par l'arrêté du 27 prairial an X, et s'affirme d'une manière définitive, dans l'article 76 du Code de commerce (4). — Le vœu du législateur, attesté par une tradition puissante, est donc que les opérations de bourse soient confiées à des intermédiaires choisis, présentant des conditions de capacité qu'il détermine, soumis à une discipline qu'il organise et restreints au nombre qu'il fixe.

Forcée de recourir à leur ministère, la spéculation n'a pas voulu se laisser enfermer dans cette réglementation. Presque en même temps que le marché officiel se fondait par la vertu des textes, par la force des choses le marché

---

(1) *Manuel des agents de change, contenant les lois, règlements et actes officiels qui régissent et intéressent l'exercice de leurs fonctions. Publication de la Chambre syndicale.* Paris, A. Rousseau, 1893, p. 6.

(2) *Manuel des agents de change*, p. 7.

(3) *Manuel*, p. 65.

(4) Sur tous ces textes, v. *Manuel des agents de change*, p. 114, 116, 176, 226.

libre prenait naissance. Incertain et précaire sous l'ancien régime, il ne l'est plus aujourd'hui. Dans le Code de commerce, dont les termes restreignent le monopole aux valeurs admises à la cote (1), il trouve, avec un champ d'activité propre, sa reconnaissance officielle. Mais voici que des valeurs non cotées, qui sont légalement son domaine, il déborde sur les valeurs cotées. L'art. 76 le lui défend, en termes formels. Toutefois ni ce texte. ni aucun autre de nos Codes, n'a pris soin d'indiquer la sanction de cette prohibition. D'où la question très délicate : de quelle sorte de répression sont atteints les empiètements du marché libre? — Nulle actuellement n'est plus vivante. Chaque jour elle est portée sous une forme ou sous une autre devant les tribunaux. Nulle, d'autre part, n'est moins clairement élucidée.

I

Les difficultés soulevées par ce silence de l'article 76 C. com., relativement neuves, sont longtemps demeurées dans l'ombre. Jusqu'en 1879, l'article 76 n'avait paru comporter qu'une sanction pénale, tirée des anciens textes [arrêt du Conseil du 26 novembre 1781, art. 13; L. 28 ventôse an IX, art. 8; arr. du 27 prairial an X, art. 4], consistant dans une amende variable. du sixième au douzième du cautionnement (2). Cette peine très sévère suffisait largement à protéger le monopole des agents de change, qui trouvèrent pleine satisfaction à cet égard devant les tribunaux. Quand les agents de change crurent nécessaire d'user contre les intermédiaires sans qualité de poursuites pénales (1859), le tribunal de la Seine et la Cour de Paris, puis la Cour de cassation (3) leur accordèrent la répression qu'ils demandaient. Mais presque aussitôt cette victoire, ils furent les premiers à désarmer. Entre les deux adversaires, coulisse et parquet, la réconciliation semble actuellement s'être opérée. L'antagonisme que les textes établissent entre eux se fond dans la pratique. A peine les agents de change avaient-ils en effet voulu s'attaquer au marché libre qu'ils ont compris la nécessité de le tolérer; c'est là qu'ils opèrent sur les valeurs non encore admises à la cote, et qu'ils en surveillent le stage avant l'inscription; bien mieux, c'est là qu'ils font, après la clôture de la Bourse, la négociation des effets cotés, suivant une pratique constante

---

(1) Nous n'entendons point remettre en discussion ici le sens des fameuses expressions de l'article 76 : « Les agents de change ont seuls le droit de faire des négociations des effets publics et autres *susceptibles d'être cotés...* » Une jurisprudence constante décide qu'on doit entendre par ces derniers mots les valeurs mobilières effectivement *admises à la cote officielle* (V. notamment Cass 1er juillet 1885, D. P. 1885, 1, 393, S. 1885, 1, 257, P. 1885, 1, 636 ; 9 mars 1886, D. P. 1886, 1, 266, S. 1886, 1, 208, P. 1886, 1, 507) : avec la presque unanimité des auteurs, nous nous inclinerons devant ce systeme qui présente d'ailleurs le grand avantage de la simplicité.

(2) Le cautionnement fixé à 60,000 fr. pour Paris par la loi de l'an IX, est depuis 1862 de 250,000 fr. Pour déterminer l'amende, la jurisprudence se réfère au cautionnement de 1862 (Cass. 19 janvier 1860, *infrà cit. Contrà* Lyon-Caen et Renault, *Traité*, IV, n° 904 et les auteurs cités p. 611, n. 1).

(3) Cass. Ch. crim. 19 janvier 1860, D. P. 1860, 1, 40, S. 1860, 1, 481.

dont la jurisprudence elle-même témoigne; c'est enfin là que s'écoule le trop
plein des négociations sur valeurs cotées, le nombre de ces valeurs augmen-
tant chaque jour, tandis que celui des agents de change demeure le même. On
comprend dès lors que les agents de change, aussitôt munis d'une répression
pénale, loin de s'en servir contre les empiètements répétés du marché libre,
l'aient au contraire laissé dormir entre leurs mains (1).

Tandis que l'inertie voulue des intéressés laissait tomber la sanction pénale
du monopole, l'idée vint que la loi ne pouvait être ainsi méconnue dans sa
volonté formelle. Il apparut que peut-être le monopole des agents de change
n'était pas un privilège arbitraire, créé dans l'intérêt égoïste de ses bénéfi-
ciaires, mais dans celui du marché lui-même. Cette pensée, que l'inaction des
agents de change avait fortement éveillée, s'infiltra dans la pratique. L'ingéniosité naturelle aux joueurs malheureux les fit s'aviser vers 1880 qu'une
sanction d'ordre civil, la nullité, devait frapper, en vertu du texte de l'article
76, les négociations passées en violation du monopole. Saisie d'une action
intentée par un banquier contre son donneur d'ordre en paiement d'un solde
d'opérations effectuées en coulisse, la Cour d'Aix, par arrêt du 27 novembre
1879, débouta le demandeur sur le fondement de l'irrégularité des négociations. Sur pourvoi contre cet arrêt, la Chambre des requêtes décida qu'en
déclarant « nulles » les négociations faites en coulisse et « en refusant action
en justice pour les suites d'opérations pratiquées au mépris de la loi », la
Cour d'Aix, loin de violer les textes en vigueur, n'en avait fait, au contraire,
qu'une juste et saine application. Car, suivant la Cour suprême, « si l'article 76 du Code de commerce s'est borné à confirmer le privilège depuis
longtemps concédé aux agents de change d'être seuls chargés de la négociation des effets publics, la sanction de ce privilège se trouve dans des dispositions non abrogées de lois antérieures, notamment dans les art. 13 de l'arrêt
du Conseil du 26 novembre 1781, 8 de la loi du 28 ventôse an IX, 4 et 7 de
l'arrêté du 27 prairial an X », articles qui déclarent nulles toutes négociations faites par des intermédiaires sans qualité (Ch. req. 28 février 1881) (2).

Développant dans leur plénitude les conséquences logiques de la nullité
reconnue par la Cour suprême, les arrêts d'appel, multipliés par la crise
financière de 1882, dessinèrent le système de la nullité dans toute sa
rigueur (3). Ainsi conçue sans réserves, la nullité pour défaut de qualité

(1) De même de l'action en dommages-intérêts (art. 1382 C. civ.) que la Chambre syndicale des agents de change a le droit d'intenter contre les intermédiaires sans qualité.

(2) Ch. Req. 28 février 1881, D. P. 1881, 1, 97, S. 1881, 1, 289, P. 1881, 1, 721. V. la note
de M. Labbé qui figure sous l'arrêt dans ces deux derniers recueils. — La Chambre des
Requêtes alla chercher la sanction de l'art. 76 dans les anciens textes qui concedent le privilège
de la négociation des effets publics aux agents de change. Mais le procureur général Bertauld avait soutenu devant la Cour que l'art. 76, même isolé des textes anciens, suffirait à
lui seul a fonder la nullité (V. dans le même sens, Bailly, *De la nullité des opérations de
bourse réalisées par l'entremise des coulissiers* dans nos *Annales*, 1886-1887, p. 209 et s.).

(3) V. notamment : Paris, 3e Ch. 2 juin 1881, D. P. 1883, 2, 81, S. 1883, 2, 129, P. 1883,
1, 701 ; 5e Ch. 5 décembre 1881, D. *Suppl.* vo *Bourses de commerce*, no 67, S 1882, 2, 55,
P. 1882, 1, 327 ; 3e Ch. 1er fevrier 1882, D. P. 1883, 2, 81, S. 1883, 2, 129, P. 1883, 1, 701

chez l'intermédiaire ne fournissait pas seulement aux spéculateurs peu scrupuleux un moyen nouveau de se soustraire aux conséquences de leurs opérations; ce n'était pas uniquement une « exception », d'une application identique à cette autre dont ils faisaient parallèlement usage, l'exception de jeu, qu'ils pouvaient tirer de l'article 76 : plus énergique faute d'un texte ou d'un principe venant en limiter la portée, cette nullité fonctionnait devant les tribunaux comme toute nullité d'ordre public, susceptible de ne se couvrir par aucune ratification, par aucun fait d'exécution. Grâce à la jurisprudence nouvelle, les spéculateurs se voyaient admis en justice à revenir pendant trente ans, au gré de leur caprice et de la fluctuation des cours, sur des opérations par eux définitivement réglées.

La conséquence était logique, mais en même temps elle était extrême. Elle ébranlait le marché public, en permettant de revenir indéfiniment sur des opérations closes : solution que la pratique ne pouvait tolérer. Devant ce résultat, l'opinion s'alarma. Deux courants se formèrent. Fidèles au pur système de la nullité absolue, qui jusqu'alors régnait dans la jurisprudence, les Cours de Toulouse, d'Orléans, de Lyon et le tribunal de commerce de Besançon décidèrent qu'il fallait pousser la nullité jusqu'à ses extrêmes conséquences (1). Mais devant la protestation de la pratique la Cour de Besançon s'y refusa, alléguant « qu'un système de nullité absolue, qui aurait pour effet de bouleverser tous les intérêts en permettant d'anéantir tous les droits fondés sur des opérations librement consenties depuis moins de trente ans, ne saurait être celui de la loi » (2). En face de cette divergence, la Cour de cassation, mise en demeure de se prononcer, comprit aisément qu'elle allait être contrainte d'opter entre les deux thèses jusqu'alors seules soutenues de la validité complète ou de la nullité absolue. Ces deux opinions, fortes, l'une de la pratique ancienne, et l'autre des arrêts nouveaux, se disputaient ici le choix de sa jurisprudence, qui n'osant entièrement repousser ni l'une ni l'autre, entreprit de les concilier toutes deux.

Avec un sentiment très exact des affaires de bourse, la Cour suprême reconnut qu'il était impossible d'accepter la thèse de la nullité, s'il fallait, du même coup, lui sacrifier les opérations closes. Lorsqu'en 1881, elle avait

---

4e Ch. 10 mars, 1er avril, 22 juin et 5e Ch. 16 juin 1882, D. P. 82, 2, 222 et 1883, 2, 81, S. 1882, 2, 177, P. 1882, 909; 2e Ch. 21 novembre 1882 et Besançon, 1re Ch. 27 décembre 1883. D. P. 1883, 2, 81, S. 1883, 2, 129, P. 1883, 1, 701; Toulouse, 1re Ch. 6 juin 1883, D. P. 1885, 2, 75; Lyon, 1re Ch. 12 et 24 juillet, 29 novembre 1883, D. P. 1885, 2, 185; Paris, 7e Ch. 3 décembre 1883, J. des val. mob. 1884, 153; Aix, 6 décembre 1883, eod. 1884, 236; Orléans, 5 janvier 1884, D. Suppl. vo Bourses de commerce, no 65, S. 1885, 2, 54, P. 1885, 1, 328; Lyon, 1re Ch. 27 mai 1884, D. P. 1886, 2, 71: Paris. 29 juillet 1885, J. des val. mob. 1885, 410.

(1) Toulouse, 2 août 1882, D. P. 1883, 2, 81, S. 1883, 2, 129, P. 1883. 1, 701 ; 4 mars 1885, D. P. 1885, 1, 273, S. 1885, 1, 249, P. 1885, 1, 622; Orléans, 10 avril 1883, D. P. 1884, 2, 10, S. 1884, 2, 125, P. 1884, 1, 634 ; Lyon, 19 juin 1883, D. P. 1885, 2, 185; trib. com. Besançon, 19 juin 1883, sous l'arrêt de la Cour du 21 août, cité à la note suivante.

(2) Besançon, 21 août 1883, D. P. 1885, 1, 273. S. 1885, 1, 249, P. 1885, 1, 622. — V. dans le même esprit Salzédo, La coulisse et la jurisprudence, Paris, 1882, p. 117 et 120.

admis la nullité des opérations passées en coulisses, c'était en faveur d'un client qui l'alléguait avant tout règlement. Mais elle n'avait pas encore expressément tranché le cas du client qui répète après avoir réglé. Maintenir la nullité dans le premier cas, l'effacer dans le deuxième, tel fut le système éclectique auquel elle s'arrêta. Dans deux arrêts qui sont presque de même date (22 avril et 29 juin 1885), elle déclara (1) que nulle action ne saurait être accordée sur le fondement d'opérations définitivement réglées; qu'aucun règlement au contraire ne soit intervenu, la nullité, sous forme d'exception, peut toujours être opposée.

Ainsi la jurisprudence se ressaisissait sans contradiction. Pour tous ceux qui connaissent le respect de la Cour suprême à l'égard de ses arrêts, il n'est pas douteux que de ce respect surtout a jailli la formule nouvelle; mais il s'est trouvé qu'ici le désir d'éviter un changement brusque de système cadrait à merveille avec les exigences de la situation. Entre celui qui refuse d'exécuter et celui qui répète, privé seul d'action, une différence était légitime : l'un proteste immédiatement, l'autre tardivement ; le premier n'a pas permis au banquier de considérer l'opération comme réglée ; le second lui en a donné le faux espoir. A ces situations diverses n'était-il pas juste d'attribuer des solutions séparées ?

Le point de départ de la jurisprudence était donc sage. Maintenir la nullité des transactions passées par des intermédiaires sans qualité, seule sanction sérieuse du monopole, mais en même temps s'incliner devant les situations acquises en respectant les opérations closes, c'était concevoir avec justesse les exigences divergentes des purs principes de la nullité d'une part, de la pratique de l'autre, et c'était, du même coup, les concilier avec habileté. A cet egard, l'orientation nouvelle qu'en 1885 la Cour de cassation donnait à la jurisprudence était très exacte et, croyons-nous, irréprochable. — Mais comment réaliser la distinction des opérations closes et des autres ? Où trouver le fondement d'une nullité mobile, qui, sans cesser d'être absolue, fût intermittente et s'arrêtât devant le fait acquis, en vertu d'un « règlement définitif » ? C'est ici que la jurisprudence faiblit. Elle a nettement vu ce qu'elle devait faire; mais elle a moins bien aperçu comment elle pouvait remplir le programme qu'elle s'était tracé. Depuis 1885, elle est fixée sur le but; mais elle hésite encore sur le choix du moyen.

II

Pour réaliser son dessein, trois procédés s'offraient à son choix. — Tous trois, également mis à contribution par elle, donnent aujourd'hui la clef‘de ses solutions divergentes.

(1) Cass. civ. 22 avril 1885 (Joly c. Oudille) et 29 juin 1885 (Crédit général français c. Bécus) D. P. 1885, 1 273 et suiv., S. 1885, 1, 249 et suiv.. P. 1885, 1, 622 et suiv. — Les motifs de ces arrêts ont été reproduits a trois ans de distance par la Chambre des requêtes, 8 avril 1888 (Ochs c. Munier) D. P. 1888, 1, 311, S. 1888, 1, 312, P. 1888, 1, 760, P. F. 1889, 1, 107.

A. — A l'effet d'effacer la nullité devant les opérations closes, les arrêts de 1885 s'adressent aux anciens textes relatifs au monopole des agents de change. Avec une parfaite logique, ils constatent que le mot de « nullité » absent de l'art. 76 du code, n'est expressément écrit que dans les textes antérieurs (1) notamment dans l'arrêt du conseil du roi du 24 septembre 1724, qui, sur bien des points non abrogé, dominait lors du Code toute la matière. C'est dans l'art. 18 de ce règlement que les juges de 1881 avaient trouvé l'expression formelle de la nullité ; c'est dans ce même article qu'il convenait d'en chercher le caractère et la limite.

Telle fut l'idée notamment de M. le conseiller Crépon, rapporteur de l'un des arrêts de 1885 et, depuis, de toutes ces questions, devant la Chambre civile. Le texte de l'art. 18 est ainsi conçu : « Toutes négociations de papiers commerçables et effets, faites sans le ministère d'un agent de change, seront déclarées nulles en cas de contestation ; faisant S. M. deffense à tous huissiers et sergents de donner aucune assignation sur icelles à peine d'interdiction et de trois cents livres d'amende, et à tous juges de prononcer aucun jugement à peine de nullité desdits jugements. »

Ce qui est interdit, dès lors. c'est l'assignation, c'est à dire l'action ; *à contrario*, l'exception, par conséquent, reste ouverte. Donc la nullité de l'article 76, opposable par voie d'exception, ne l'est pas par voie d'action (2). Quand les opérations sont réglées. le client qui tente de répéter procède par voie

(1) Cf. *suprà*, p. 7 et note 2.

(2) « Attendu, en droit, que l'arrêt du Conseil du 24 septembre 1724, qui déclare nulles
« toutes négociations de papiers commerçables et effets, faites sans le ministere d'un agent
« de change, défend a tous huissiers de donner assignation sur icelles et a tous juges de
« prononcer aucun jugement; — Attendu que cette sanction du *refus d'action*, qui n'a
« été abrogée ni modifiée par aucune loi particuliere et qui a été édictée dans une ma-
« tière spéciale, doit être appliquée a l'intermédiaire sans qualité comme a celui qui a pro-
« voqué ou accepté son intervention, l'un et l'autre se trouvant en faute vis-à-vis de la
« loi; — Attendu que si, d'une part, tant que le reglement definitif des opérations n'a pas
« eu lieu, l'intermédiaire ne peut porter a son compte les négociations faites sans le con-
« cours d'un agent de change et poursuivre, par action en justice, soit le remboursement
« intégral de ses avances, soit l'attribution de sommes déposees entre ses mains; d'autre
« part, on ne saurait accorder une action en répétition des sommes versées a celui qui,
« en connaissance de cause, a pris livraison des titres et en a payé le prix ou qui, en
« l'absence de levée et de livraison de titres, a réglé définitivement les opérations faites... »
Tels sont les motifs de droit qui figurent dans les arrêts de 1885. — Observons que déjà
en 1881, la Chambre civile avait, dans son premier arrêt intervenu en la matiere, prononcé
les mots : « *refus d'action en justice* pour les suites d'opérations pratiquées au mépris
« de la loi » (v. *suprà*, p. 7 et note 2) et cette circonstance ne fut pas un des moindres
argûments des Conseillers rapporteurs de 1885 en faveur de la doctrine qu'ils préconisaient
(Crépon, *loc. cit.* n° 57); toutefois il est tres douteux que l'on ait, en 1881, donné a l'expression « refus d'action » toute la portee qui lui fut donnee en 1885. — Notons aussi en
passant qu'un grand nombre de décisions judiciaires voient dans le refus d'action la « sanction de la nullité ». Cette manière de parler nous semble défectueuse. La nullité est par
elle-même une sanction : elle ne saurait donc. comme telle, avoir pour sanction « un refus
d'action ». A tout le moins conviendrait-il de dire que le refus d'action constitue le trait
caractéristique, le trait essentiel de la nullité.

d'action : il sera repoussé. Avant tout règlement, celui qui refuse d'exécuter procède par voie d'exception : il réussira, parce que le banquier, procédant contre lui par voie d'action, doit, aux termes de l'art. 18, être débouté. Ainsi, conformément aux désirs éclectiques de la Cour suprême, la nullité, sans cesser d'être absolue, devient intermittente. Pareille à celle qui sanctionne la répression du jeu, elle fonctionne par voie d'exception, non par voie d'action. Quand, en 1885, la Cour de cassation mit en lumière cette restitution historique de l'arrêt du conseil de 1724, elle put croire un moment que l'ingéniosité de cette découverte fixait désormais la jurisprudence et tranchait définitivement la question (1).

B. — Pourtant, l'ensemble des Cours d'appel ne paraît pas avoir pris cette interprétation de l'art. 18 en très grande considération. Il est rare que les décisions de ces Cours remontent à cet ancien document. Plus volontiers elles déclarent que le client opérant en coulisse et l'intermédiaire sans qualité dont il emploie les services sont deux complices, coupables de fraude à la loi ; puis elles en prennent texte pour leur fermer à tous deux l'accès du prétoire. *In pari causa turpitudinis cessat repetitio. In pari causa turpitudinis, melior est causa possidentis. Nemo auditur propriam turpitudinem allegans* (2). Sous ces tournures variées se retrouve une idée commune : que nul ne peut en justice venir se faire un titre de sa propre faute, et que d'un acte illicite ne saurait naître une action. Sur le fondement de cette règle, la jurisprudence, en mainte circonstance, décide que la réclamation du paiement par le coulissier et la répétition par le client sont également interdites, la première parce que le coulissier ne peut agir sans invoquer sa faute, l'autre parce que le client ne peut agir sans invoquer la sienne Tel est le second fondement auquel les cours s'adressent et souvent même qu'elles préfèrent.

C. — Tandis qu'elle obtenait ainsi une nullité opposable par voie d'exception, non par voie d'action, la jurisprudence était frappée de l'analogie que l'exception de l'art. 76 présentait avec l'exception de jeu. Lorsque l'effet s'identifiait, pourquoi ne pas assimiler la cause ? Aussi fut elle amenée progressivement à ce système que les marchés passés par l'intermédiaire des coulissiers seraient nuls comme entachés d'une présomption légale de jeu. Déjà, en 1881, dans de savantes conclusions devant la Chambre civile le procureur général Bertauld avait eu l'intuition de ce système. « Les articles 421 et 422 du code pénal n'ont nullement renversé, disait-il, la présomption que les intermédiaires sans mandat légal ne sont que des instruments de jeu.

(1) Sur les motifs pratiques qui dictèrent en 1885 la solution admise par les arrêts « de doctrine » de la Chambre civile ainsi que sur la portée attribuée par leurs auteurs a ces arrêts « régulateurs », v le commentaire très autorisé de M. le conseiller Crépon dans son savant ouvrage, *De la négociation des effets publics et autres*, nᵒˢ 45 et suiv. et nᵒ 65. V. aussi la note doctrinale insérée sous ces arrêts dans le Recueil de Dalloz, 1885, 1, 273, qui paraît refléter de très près la pensée de la Cour suprème.

(2) La véritable formule de la règle se trouve dans un texte de Paul au Digeste, fr. 3 *de cond. ob turp. vel inj. causam*, 12. 5 : « *Ubi autem et dantis et accipientis mutua turpitudo versatur, non posse repeti dicimus* ». — Cf. fr. 8. *eod. tit., in fine.*

de pari sur les éventualités et les fluctuations du cours des effets publics....
L'exclusion des intermédiaires imposés par la loi établit *une présomption de
jeu*, et une présomption qui ne comporte pas de preuve contraire. » (1) Dis-
crètement rappelée, plus tard, en termes moins nets, par M. Louiche-Desfontaines (2), plus largement esquissée par M. Boistel, dans une note doctrinale
du Dalloz (3), l'idée s'est insinuée dans la jurisprudence (4). De même que
l'intervention du notaire protège le donateur contre les entraînements irréflé-
chis, de même le recours à l'agent de change assure le spéculateur contre les
entraînements de la Bourse et purifie son opération du vice de jeu. Telle est
l'idée qui maintenant se forme. La violation du monopole des agents de
change n'étant alors qu'une des révélations du jeu, c'est par l'exception de
jeu seule qu'elle pourrait être réprimée. En elle, mais en elle seule, l'art. 76
du code de commerce trouve la sanction civile qu'il omet d'indiquer.

Tels sont, brièvement retracés, les trois procédés auxquels, pour obtenir
une nullité souple, fonctionnant par voie d'exception et jamais par voie d'action, tour à tour la jurisprudence s'adresse. Si ces trois procédés, qui ca-
drent dans les grandes lignes, s'accordaient aussi dans les détails de leurs
conséquences, la jurisprudence, en multipliant les fondements de son système, en aurait, du même coup, fortifié la solidité. Mais comme de ces trois
principes, également invoqués par elle, se dégagent des solutions divergentes, c'est le désordre et le désarroi que leur intervention simultanée jette
dans sa doctrine.

Désordre et désarroi sont entrés dans les arrêts dès 1885. C'est à ce moment que la Cour de cassation avait à choisir entre les trois partis : fonder
le refus d'action sur la présomption légale de jeu, l'établir au contraire sur
la règle *In pari causa turpitudinis cessat repetitio*, l'étayer enfin sur la lettre
de l'article 18 « deffendant a tous huissiers de S. M. de délivrer assignation,
sur le fondement des opérations illicites ». Entre ces trois idées, qui se disputaient la pensée du conseiller rapporteur, un choix systématique parut
avoir été fait. — La théorie de la présomption de jeu semblait trop subtile ;
de plus, au moment où le législateur l'abolissait, en matière de Bourse, par
la loi du 28 mars 1885, il était difficile de s'y rattacher ; quand la loi restrei-
gnait son domaine, la jurisprudence ne pouvait songer à l'élargir. — La
règle *In pari causa turpitudinis* se présentait avec plus de force. Cependant la
Cour de cassation l'avait écartée l'année précédente (5) en termes exprès : elle

---

(1) V. ces conclusions rapportées dans Sirey, 1881, 1. 249.

(2) Note dans P. F. 1892, 2. 209, sous Paris, 1re Ch. 9 fev. 1892.

(3) Sous Paris, 5 mars 1892, D. P. 1893, 2, 17.

(4) Les opérations de bourse se soldant par des différences ne sont valables, d'apres
un récent arrêt de la Cour suprême, que si elles sont passées par l'intermédiaire des
agents de change. Leur intervention est donc nécessaire pour les purifier du vice de jeu
(Cass. civ 21 mars 1893, D. P. 1894, 1, 9 [et note de M. Lacour], S. 1893, 1, 241 [et note de
M. Lyon-Caen] P. F. 1894, 1, 477, *Gaz. Pal.* 1893, 1, 326).

(5) Cass. civ. 11 février 1884 (Syndic de la Banque franco-hollandaise c. de Constantin et
autres). S. 1884, 1, 265.

ne pouvait désormais y recourir (1). La Cour de Toulouse, dont l'arrêt était déféré à la Chambre civile (2), avait eu le soin d'abriter, sur ce point, sa décision derrière la toute récente et très formelle jurisprudence de la Cour suprême; ce n'était pas avec cette règle, à jamais condamnée, qu'il était possible de donner satisfaction à la pratique. — C'est alors que l'arrêt du Conseil de 1724 vint offrir, comme ressource dernière, la disposition de son article 18 à laquelle ingénieusement la Cour de cassation s'attacha avec d'autant plus d'énergie qu'elle fut la première à lui découvrir ce rôle. C'est à lui que les arrêts de 1885 empruntent leur principe. De la « présomption légale de jeu », pas un mot. De la vieille règle *In pari causa turpitudinis*, désormais abolie, nulle mention : la Cour garde sur elle un dédaigneux silence et le commentaire de M. Crépon, dans son livre, souligne ce dédain par de mordantes critiques. Il semble donc qu'en 1885, au seuil de la jurisprudence contemporaine, la Cour de cassation ait franchement assigné, à sa théorie du refus d'action, un principe net, une base unique.

Or, tandis qu'en apparence elle écartait la règle *In pari causa*, en réalité elle la rappelait, sous une forme détournée. Elle décidait, après avoir cité l'arrêt de 1724, que la nullité n'est.plus opposable lorsque les opérations ont été réglées définitivement « *en connaissance de cause* ». Où donc, en l'arrêt de 1724, est-il parlé d'une distinction à établir entre la connaissance et l'ignorance de la qualité des intermédiaires? Où donc, soit à l'article 18, soit ailleurs, est-il expliqué que les sergents auxquels « deffense » est faite d'assigner sur le fondement d'opérations passées en coulisse, seront relevés de cette prohibition quand le demandeur les aura crues passées par agent de change ? Ce n'est pas dans l'arrêt de 1724 que la Cour suprême a puisé cette notion; c'est à la vieille règle *In pari causa turpitudinis* qu'elle en a fait emprunt. Quand le refus d'action se base en effet sur la fraude à la loi du spéculateur qui, réglant le coulissier, se fait son complice, on comprend que l'ignorance de l'irrégularité, transformant le complice en victime, le mette à l'abri du refus d'action. Même repoussée, la vieille règle *In pari causa* restait ainsi vivace :˙c'est elle qui, non avouée, non exprimée, mais toujours obéie, régnait encore dans les arrêts de 1885 (3). — Peut-être aussi la jurisprudence fut-elle inconsciemment conduite à la distinction qui précède par la doctrine de la « présomption de jeu ». La nullité des dettes de jeu ne disparaît en effet que devant le fait accompli d'un paiement volontaire, d'un paiement éclairé.

Ainsi, par l'introduction d'une distinction que les termes formels de l'arrêt de 1724 n'autorisaient pas, la Cour de cassation, s'appuyant expressé-ʼ

---

(1) M. le conseiller Crépon semble avoir interprété cette règle dans un sens sinon absolument contraire, du moins sensiblement différent (Crépon, *loc. cit.* n° 46). On ne saurait comme il paraît le faire assimiler cette règle à l'autre règle latine : *quod nullum est, nullum producit effectum* : les deux formules donnent ici des résultats diamétralement opposés.

(2) V. Toulouse, 4 mars 1885, précité.

(3) « ...l'un et l'autre se trouvant *en faute vis-à-vis de la loi.* . » (V. note 2, p. 10, *suprà*).

ment sur ce texte, faisait tacitement dès l'origine appel à d'autres principes. Le germe des contradictions qui depuis lors n'ont cessé de miner la jurisprudence était donc déjà dans les arrêts « régulateurs » qui pensaient et devaient la fixer.

III

Un point reste acquis depuis 1885 : c'est que la nullité, sanction civile du monopole des agents de change, s'efface devant le *règlement définitif* des opérations effectué *en connaissance de cause* (1). Mais cette formule, en apparence précise, a fait naître deux questions sur lesquelles, depuis dix ans, la jurisprudence hésite et flotte :

A. — Que convient-il d'entendre par « règlement définitif » ? Quels faits déterminés le constituent ?

B. — Quels sont les effets exacts du règlement définitif ? A-t-il pour résultat unique de faire obstacle à l'action en nullité intentée par le client, ou ne fonde-t-il pas en outre corrélativement l'action en exécution du coulissier ?

A ces deux questions, nous allons le montrer, les trois principes auxquels tour à tour la jurisprudence s'adresse donnent des réponses différentes. En l'absence d'un principe directeur imposant des solutions nettes, Cours et tribunaux rendent sur ces deux points des décisions divergentes, sans logique et sans unité.

A. — QUELS FAITS CONSTITUENT RÈGLEMENT DÉFINITIF ?

1° *Paiement*. — Le paiement a, dans les trois systèmes, l'efficacité désirable pour entraîner refus d'action : une fois la somme versée, le donneur d'ordre est obligé, pour la reprendre, de lancer une assignation qu'interdisent également l'art. 18 de l'arrêt de 1724 et la règle *In pari causa* ; d'autre part, le paiement, qui éteint la dette de jeu, doit effacer du même coup la nullité si celle-ci repose, avec le monopole des agents de change, sur une « présomption de jeu ». Le paiement ne soulève donc pas de question. Il est clair qu'il a l'efficacité nécessaire pour paralyser la nullité des négociations (2). Réserve faite de la connaissance de cause, la difficulté consiste à savoir quels actes ont ici même pouvoir.

2° *Remise d'une couverture*. — La remise par le client, antérieurement à l'exécution des ordres, de sommes ou valeurs à titre de « couverture » fait-

---

(1) Sur l'exigence de la connaissance de cause, condition essentielle du refus d'action, v. toutes les décisions citées *infrà* dans cette 3e partie.

(2) Cass. civ. 29 juin 1885, D. P. 1885, 1, 273 ; 5 mars 1890, P. F. 1890, 1, 539 ; Cass. req. 8 février 1892, D. P. 1892, 1, 294, S. 1892, 1, 144, P. F. 1893, 1, 87 ; — Agen, 19 novembre 1885, sur renvoi de Cass. 29 juin 1885, S. 1886, 2, 236, P. 1886, 1, 239 ; Paris, 3e Ch., 13 mai 1885, D. P. 1886, 2, 201 ; Lyon, 31 juillet 1885, *Journ. val. mob.* 1886, 41 ; Trib. com Seine, 11 juin 1884, et Paris, 10 décembre 1886, *Journ. val. mob.* 1886, 252 ; Paris, 1re Ch., 9 février 1892 (2 arrêts), P. F. 1892, 2, 209 ; Trib. civ. Seine, 25 juin 1886, *Journ. val. mob.* 1886, 233. — Toutes ces décisions statuent sur le cas de paiement en connaissance de cause.

elle obstacle à la nullité des opérations? Le client, au courant de l'exécution irrégulière, est-il mal fondé à venir réclamer en justice, sur le fondement de la nullité des négociations, la restitution de la couverture que le coulissier détient entre ses mains? — Question délicate, dont la difficulté naturelle s'accroît de la controverse qui divise les auteurs sur la question de la nature juridique de la couverture.

Les uns la considèrent comme constituant toujours un paiement anticipé (1); d'autres assimilent sans distinction la couverture au gage (2); d'autres encore, d'opinion intermédiaire, soutiennent que le problème ne comporte pas de solution absolue, et qu'il convient, dans chaque espèce, de rechercher la commune intention des parties en se guidant principalement sur la composition de la couverture (3).

Si l'on admet que la remise d'une couverture constitue toujours un *paiement anticipé* ou si, en l'espèce, elle présente ce caractère, l'action en répétition est-elle recevable? — Nul doute sur la solution si l'on s'attache aux termes de l'article 18 de l'arrêt du Conseil de 1724; l'action en restitution du paiement anticipé doit nécessairement invoquer la nullité des opérations irrégulièrement faites : elle sera donc refusée. — La règle *In pari causa* dicte une solution identique; anticipé ou non, le paiement effectué par le client *conscius fraudis* le fait participer à la fraude : ce paiement ne saurait, en conséquence, être devant les tribunaux l'objet d'une demande en restitution. — Les principes qui gouvernent les dettes de jeu, transportées en notre matière, imposeraient au contraire une distinction. La jurisprudence la plus récente décide et les meilleurs auteurs enseignent que les sommes ou valeurs remises à l'intermédiaire à l'effet de lui servir de couverture peuvent toujours, en principe, être répétées, alors même qu'elles présenteraient le caractère d'un paiement anticipé : elles ne constituent un paiement volontaire, exclusif de toute action en répétition, que lorsque le débiteur a autorisé postérieurement « l'application » desdites sommes ou valeurs à l'extinction de la dette (4). La remise d'une couverture ne constituerait donc pas par elle seule un obstacle à la demande en restitution fondée sur la nullité des négociations.

Si l'on voit dans la remise d'une couverture une constitution de *gage*, les solutions qui précèdent ne semblent pas devoir différer. Tout au moins en est il certainement ainsi de celle que dicte l'axiome *In pari causa* : paiement anticipé ou nantissement, la remise d'une couverture en connaissance de cause suffit également dans l'un et l'autre cas pour créer entre le client et l'intermédiaire irrégulier le lien d'une association illicite, la complicité dans la fraude

___

(1) Mollot, *Bourses de commerce*, nos 162 et suiv. : Crépon, *loc. cit.* nos 66 et 208 ; Waldmann, *La profession d'agent de change*, nos 151 et suiv.

(2) Bozérian, *La Bourse*, nos 305 et suiv ; Aubry et Rau, IV, § 387 *a*, p. 581.

(3) Guillard, *Opérations de bourse*, p. 474 et suiv. ; Lyon-Caen et Renault, *Traité*, IV, no 990. Cpr. Buchero, *Opérations de bourse*, 1892, nos 676 et suiv.

(4) V. notamment Cass. 22 mai 1889. *Le Droit* du 25 juillet 1889; Lyon-Caen et Renault, *Traité*, IV, no 991, et les auteurs et arrêts cités dans son rapport par M. le conseiller Denis (*Le Droit*. 2-3 janvier 1896, et *Gaz. du Pal.* 5-6-7 avril 1896).

à la loi qui fait obstacle à la répétition. — Pareillement, les principes qui régissent les dettes de jeu nécessitent encore en cette hypothèse la même distinction que précédemment : répétition possible avant toute « application », non recevable postérieurement à cet acte. — Seul, l'arrêt du Conseil de 1724 ne dicte plus ici, pour la couverture-gage, la même solution que pour la couverture-paiement. Ce texte interdit toute action en justice sur le fondement des opérations irrégulières. Or, faut-il nécessairement invoquer l'irrégularité des opérations pour agir en répétition de la couverture? Non, semble-t-il. Quiconque remet une couverture en nantissement, restant propriétaire du gage, garde toujours l'action en revendication; c'est par cette dernière action, et non par la voie de l'action en nullité, que la répétition de la couverture s'effectue : elle est donc possible, contrairement à la solution qui prévaudrait au cas où la couverture présenterait les caractères d'un paiement anticipé.

Ainsi, quelle que soit la nature de la couverture, gage ou paiement anticipé, la règle *In pari causa* et la théorie de la présomption de jeu donnent une solution invariable. Dans les deux cas, la règle *In pari causa* ne tolère pas que l'on invoque la nullité; dans les deux cas au contraire, la présomption de jeu le permet avant application. Seul l'arrêt de 1724 détermine, en face de cette hypothèse double, des solutions doubles : s'agit-il d'une couverture-paiement, la nullité est effacée; s'agit-il d'une couverture-gage, elle fonctionne en toute liberté.

Si la jurisprudence, suivant nettement les indications de la Cour de cassation (1885), s'était depuis toujours maintenue sur le terrain de l'arrêt de 1724, c'est cette dernière distinction qu'elle devrait affirmer. Séparant les deux fonctions de la couverture, paiement et gage, avec beaucoup de soin, elle s'attacherait alors à en bien déterminer le caractère, puis, dans le premier cas, elle arrêterait la nullité qu'elle laisserait jouer seulement dans le second. Mais le vieil arrêt de 1724 n'attire guère l'attention des Cours d'appel qui négligent le plus souvent de préciser la fonction de la couverture, et s'écartent à l'envi des solutions dictées par le texte ancien. La plupart des arrêts, liés à la règle *In pari causa*, concluent avec celle-ci, quelle que soit la nature de la couverture, dans le sens de la validité des opérations; c'est un refus d'action qu'ils formulent dans les deux cas, gage ou paiement, pour punir « la connivence dans la fraude à la loi » [Pour la couverture-paiement, *sic*, Trib. com. Seine, 4 juin 1890 (1); Paris, 3e Ch. 23 janvier 1891 (2); V. aussi, 4e Ch. 21 décembre 1889 (3), et 17 février 1893 (4). — Pour la couverture-gage, *sic*, Paris, 3e Ch. 8 janvier 1886 (5); Paris, 3e Ch. 25 juin 1890 (6); Paris, 4e Ch. 18 novembre 1892 (7); Paris, 30 novembre

(1) *Dr. fin.* 1890, 415.
(2) *Dr. fin.* 1891, 221.
(3) *Dr. fin.* 1890, 204.
(4) *Gaz. des trib.* 2 juillet 1893.
(5) *Gaz. du Pal.* 1886, 1, 308.
(6) *Dr. fin.* 1890, 406.
(7) *Dr. fin.* 1893, 28.

1893 (1)]. — Ces solutions cependant ne donnent de la jurisprudence qu'une physionomie incomplète. Tandis que la vieille règle *In pari causa turpitudinis* y accuse son influence, la conception nouvelle qui dans l'intervention des coulissiers trouve la base d'une « présomption de jeu » réclame et obtient des décisions toutes contraires. Deux arrêts de la Cour de Paris, l'un (5e Ch.) du 3 juillet 1888 (2), l'autre (6e Ch.) du 3 mars 1892 (3) et la Chambre des requêtes de la Cour de cassation avec des motifs très explicites, le 9 décembre 1895 (4) accordent l'action en répétition, c'est-à-dire le bénéfice de la nullité, au client qui, sa couverture versée, n'a pas encore autorisé son mandataire à se l'appliquer, par un règlement formel, après la reddition et l'approbation du compte. Ces arrêts statuent contrairement à la règle *In pari causa* et à l'arrêt de 1724 dans l'hypothèse d'une couverture-paiement. — Mais, tandis que la lutte semble se concentrer entre la règle *In pari causa* et la théorie de la présomption de jeu, la Chambre civile de la Cour de cassation, par un arrêt récent (22 mai 1895), décide, en formulant pour la première fois les conséquences dictées par l'arrêt du Conseil de 1724, que « si « toute action en restitution des sommes avancées ou valeurs remises à un « intermédiaire sans qualité doit être refusée à quiconque lui a donné man- « dat d'opérer des négociations de titres en contravention à l'art. 76 C. com., « c'est à la condition que ces sommes aient été versées et ces valeurs re- « mises en règlement anticipé ou non anticipé des négociations illégalement « effectuées; qu'il en est autrement si ces remises ou versements ont été « faits à titre de nantissement ou de garantie » (5).

Ainsi la Chambre civile maintient entre les deux fonctions de la couverture la distinction qui dérive d'une exacte interprétation de l'arrêt du Conseil, tandis que la Chambre des requêtes et les Cours d'appel, obéissant les unes à la règle *In pari causa*, les autres à la « présomption de jeu », englobent les deux genres de couverture dans une solution commune : refus d'action avec la règle *In pari causa*, nullité invocable avec la « présomption de jeu ». C'est une divergence complète. De même qu'il y a, dans la jurisprudence, trois principes ou procédés pour un identique résultat général, le respect des droits acquis, de même il y a, dans notre question, trois groupes distincts de solutions, ou, pour mieux dire, trois jurisprudences dans une seule (6).

(1) Sous Cass. civ. 22 mai 1895, cité *infrà*, *Gaz. des trib.* 29 mai, 22 et 23 juillet 1895. — V. aussi Trib. com. Seine, 15 février 1888, sous Paris, 13 décembre 1889, cité *infrà*, *Dr. fin.* 1890, 130, et 4 janvier 1890, *Dr. fin.* 1890, 283.

(2) *Gaz. des trib.* 10 octobre 1888.

(3) P. F. 1893, 2, 33.

(4) *Le Droit*, 2-3 janvier 1896, et *Gaz. du Pal.* 5-6-7 avril 1896. V. sur cet arrêt le rapport de M. le conseiller Denis. V. aussi les observations dans nos *Annales*, 1896, p. 17.

(5, *Gaz. des trib.* 29 mai, 22-23 juillet 1895. — V. aussi dans le même sens et sans plus de motifs : Paris, 23 mars 1889, *Dr. fin.* 1889, 249 (arrêt où la distinction entre la couverture-paiement anticipé et la couverture-gage est très nettement établie), et 1re Ch. de la même Cour, 2 août 1895, *Le Droit*, 15 septembre 1895.

(6) Nous omettons intentionnellement de citer dans le corps de cette étude deux groupes de décisions intervenues sur la question de la couverture qui n'ont pas lieu de nous arrêter

3° *Souscription de billets, d'un engagement notarié.* — Les mêmes variations se retrouvent quand, au lieu de répéter la couverture, le client veut reprendre, en les faisant déclarer nuls, l'engagement notarié ou les billets à ordre qu'il a souscrits en règlement des opérations irrégulièrement faites (1).

Admet-on que le paiement transforme, par la connaissance de cause, le donneur d'ordre en complice de l'illégalité, que ce paiement couvre, encourage et rémunère? Cette même complicité, que punit alors la privation du droit de répéter, se retrouve avec la même force dans la souscription de ces effets, et mérite par conséquent la même sanction. C'est donc l'échec à la nullité qu'appelle ici la règle *In pari causa.* — Tout au contraire, c'est le maintien libre et complet de cette nullité qu'exige le système de la présomption de jeu, car les billets ou engagements souscrits en exécution des dettes de jeu peuvent toujours être revendiqués (2) : l'écrit, qui peut convertir l'obligation naturelle en obligation civile, reste impuissant à nover l'obligation née du jeu (3). Le paiement seul aurait donc la vertu de couvrir ici la nullité. — L'arrêt du Conseil de 1724 proteste contre cette solution, et s'accorde avec la règle *In pari causa* dans la solution commune d'un refus d'action. En effet, lorsque les billets ont été souscrits ou l'engagement signé, pour les reprendre ou les faire annuler, le donneur d'ordre doit agir par la voie de

---

spécialement ici. Ce sont : 1° Celles qui admettent l'action en répétition de la couverture pour la raison seule que les faits soumis a la justice ne permettaient pas d'établir qu'en l'espèce le client avait effectué la remise de la couverture « en connaissance de cause » (Cass req. rej. 20 juillet 1891, D. P. 1892, 1, 294, S. 1892. 1, 131, P. F. 1892, 1, 372. — Lyon, 2° Ch., 24 juillet 1890, P. F. 1891. 2, 55 ; Paris, 3° Ch., 11 et 12 novembre 1891, *Gaz. du Pal.* 1892, 1. 86, *Dr. fin.* 1892, 187 ; 5° Ch. 4 mars 1891, *Gaz. du Pal.* 1891, 1, 684 ; 3° Ch. 11 juillet 1891, *Gaz. des trib.* 21 octobre 1891 ; Riom, 1re Ch.. 8 décembre 1891, *Dr. fin.* 1892, 193 ; Paris, 22 juin 1895, *Gaz. des trib.* 11-12 novembre 1895. — Trib. com. Seine, 29 décembre 1887, *Dr. fin.* 1888, 43). — 2° Celles qui refusent l'action en répétition pour la raison qu'il était intervenu, postérieurement a l'exécution de l'opération, un acte du client approuvant l'application de la couverture au règlement des opérations irrégulièrement effectuées (Cass. civ. 8 février 1888, D. P. 1888, 1, 311, S. 1888, 1, 312, P. 1888, 1. 760, P. F. 1889, 1, 107. — Paris, 6° Ch., 8 mai 1888, *Dr. fin.* 1888, 284 ; 7° Ch. 12 mai 1888, *Gaz..dse trib.* 10 octobre 1888 ; Paris, 23 mars 1889, *Dr fin.* 1889, 249, cité *suprà.* — Trib. civ. Seine, 2 et 26 décembre 1891, *Dr. fin.* 1892, 195 et 224 ; trib. com. Seine, 9 août 1893 (2 jugements), *Dr. fin.* 1893, 380 et 430). — Ces décisions, où l'on ne peut apercevoir avec précision quelle solution eût prévalu si l'acte d'approbation n'était pas intervenu, ne laissent rien deviner du principe dont elles découlent.

(1) Le client a grand intérêt à faire prononcer ainsi la nullité de l'engagement notarié ou des billets souscrits, car d'une part le bénéficiaire de l'engagement peut procéder contre lui à l'exécution forcée de cet engagement sans recourir aux tribunaux ; d'autre part, les billets négociables peuvent tomber entre les mains d'un porteur de bonne foi à qui nulle exception ne saurait être opposée du chef des précédents titulaires, et en face de qui le souscripteur serait tenu obligatoirement de faire honneur à sa signature.

(2) V. notamment sur ce point, Rouen, 14 juillet 1854, S. 1856, 2, 170 ; Lyon, 11 mars 1856, S. 1857, 2, 526. — Trib. civ. Seine, 26 mars 1884, *Gaz. Pal.* 1884, 1, *Suppl.* 136. — Application de cette solution à un coulissier, Paris, 2° Ch., 23 avril 1883, *Gaz. du Pal.* VII, *Suppl.* p. 73.

(3) Cf. Aubry et Rau, IV, § 386 *a*, p. 577 et les références citées aux notes 9 et 19.

l'action, sur le fondement de l'irrégularité des opérations en coulisse, que l'art. 18 lui ferme expressément.

Conduite à cette solution par l'arrêt de 1724 et par la règle *In pari causa*, c'est sur elle que s'est fixée principalement la jurisprudence, par maintes décisions du tribunal de commerce de la Seine [31 mai 1893 (1); 4 avril 1894 (2); 18 juillet 1894 (3)] et de la Cour de Paris [3e ch. 8 janvier 1886 (4); 1re ch. 9 février 1892 (5)]; décisions où il faut reconnaître, en présence des considérants, que la règle *In pari causa turpitudinis* prédomine toujours, car toujours il y est question d'indignité réciproque (6) et jamais du vieux texte de 1724. — Le seul rival sérieux qui fasse échec sur ce point à la règle *In pari causa*, c'est le système de la présomption légale de jeu. En admettant la répétition que seul ce système commande, la Cour de Paris, dans un arrêt de la 7e ch. du 12 mai 1888 (7), s'en est visiblement inspirée. — Mais, dans le cas unique où la question s'est posée sur la nullité de l'engagement notarié, l'action a été repoussée (8) conformément à la règle *In pari causa turpitudinis*. C'est donc cette dernière règle qui triomphe ici en définitive.

4° *Inscription au compte-courant*. — Quant au cas où le mandataire inscrit, de sa propre autorité, au compte courant du client les sommes dues à raison des opérations faites, cette hypothèse ne soulève de difficulté que lorsque l'inscription a été approuvée par le client avant la clôture du compte. En pareil cas le donneur d'ordre peut-il, par la suite, en demander le retranchement ?

A cette question, deux sur trois de nos principes donnent une réponse identique. Obligé, pour revenir sur son approbation, d'invoquer, par voie d'action, la nullité des opérations faites en coulisse, le client ne le peut, ni d'après l'arrêt de 1724, qui lui interdit d'assigner sur ce fondement, ni d'après la règle *In pari causa*, puisque l'approbation en connaissance de cause, l'associant à la fraude du coulissier, l'en a rendu complice. — Plus délicate est l'application à l'espèce du principe de la « présomption de jeu ». Ici surgit la grande règle que le paiement seul peut éteindre la dette de jeu. Or, le compte-courant est indivisible; chacun des articles qui le compose, fondu dans l'ensemble, ne forme ni une créance, ni une dette; il n'y a

(1) *Dr. fin.* 1893, 331.

(2) *Id.* 1894, 208.

(3) *Id.* 1894, 437.

(4) *Gaz. du Pal*, 1886, 1, 308.

(5) P. F. 1892, 2, 209.

(6) La preuve en est que si la Cour d'Agen, le 12 août 1887, et, sur pourvoi contre cet arrêt, la Chambre des requêtes, le 13 mars 1889 (P. F. 1889, 1, 485), ont admis le donneur d'ordre à répéter les billets souscrits, c'est pour l'unique raison que la « connaissance de cause » semblait, en l'espèce, avoir fait défaut chez le client lors de cette remise.

(7) *Le Droit*, 16 juin 1888, *Gaz. des trib.* 10 octobre 1888. — Cf. Paris, 7e Ch., 12 mai 1888, *Gaz. des trib.* 10 octobre 1888.

(8) Trib. civ. Seine, 10 juin 1893, *Gaz. des trib.* 10 décembre 1893.

de compensation et, partant, de paiement qu'à la clôture, une fois la balance faite et le solde déterminé (1). Une dette de jeu ne peut donc s'éteindre avant la clôture du compte et l'approbation du solde par l'inscription de cette dette à ce compte, fût-ce même avec le consentement du débiteur. En conséquence, si la dette du client vis-à-vis du coulissier doit être envisagée comme une dette de jeu, l'action en répétition demeure possible jusqu'à l'arrêté du compte.

Cette dernière solution a été plusieurs fois donnée par la jurisprudence. Deux décisions de Cours d'appel [Douai, 23 décembre 1885 (2); Paris, 7ᵉ ch. 9 février 1889 (3)] ont jugé l'action du client recevable, malgré l'inscription au compte courant, tant que ce dernier n'était pas arrêté entre les parties. S'harmonisant avec la théorie de la présomption de jeu, ces décisions n'en subissent pas d'ailleurs directement l'influence. S'attachant à l'interprétation des arrêts de cassation de 1885, comme on s'attacherait à l'interprétation de la loi, elles décident que le *paiement* requis *in terminis* par la Cour suprême pour le refus d'action n'apparaît pas avant la clôture du compte-courant. C'était d'ailleurs l'avis exprimé par M. le conseiller Crépon, pourtant fidèle à l'art. 18 du règlement de 1724 (4). Ainsi, quand la jurisprudence s'écarte du principe par elle formulé, elle n'en a pas conscience. C'est qu'après avoir dégagé de ce principe une formule : « la nécessité du paiement », elle s'attache à cette formule, et déduit d'elle ses solutions, au lieu de les déduire de l'arrêt de 1724 lui-même. Si elle y fût remontée, elle aurait vu que toute assignation est interdite sur le fondement d'opérations faites en coulisse; or, il est incontestable que pour agir en retranchement d'une inscription approuvée par le client, avant la clôture du compte, il faut employer « l'assignation sur le fondement d'icelles ». Le désaccord entre le principe officiel et les décisions qui précèdent est manifeste. — Il disparaît cependant dans un arrêt de la Chambre des requêtes (Ochs c. Munier), en date du 8 février 1888, d'après lequel l'inscription rend, même avant la clôture du compte, le client irrecevable à l'attaquer en retranchement (5). Mais c'est une décision d'espèce : la Cour suprême constate qu'en fait la volonté des parties assigne à cette inscription la valeur d'un paiement, en vertu d'une transformation conventionnelle du contrat de compte-courant (6), indivisible par nature, mais non par

(1) Sur l'indivisibilité du compte-courant et ses effets de droit, v. notamment Lyon-Caen et Renault, *Traité*, IV, nᵒˢ 826 et suiv.

(2) *Droit financier*, 1889, p. 450.

(3) *Le Droit*, 21 avril 1889.

(4) *Op cit.* Cf. D. P. 1894, 2, 525, et la note.

(5) D. P. 1888, 1, 311, S. 1888, 1, 312, P. 1888, 1, 760, P. F. 1889, 1, 107.

(6) V. les remarquables observations de M. le conseiller-rapporteur George Lemaire, D. P. 1888, 1, 311. — Il convient de remarquer d'ailleurs que, la plupart du temps, aucun contrat de compte-courant n'intervient entre coulissier et client; ce que le coulissier désigne sous le nom de *compte-courant* n'est en fait que le *compte de liquidation* mensuel ou l'addition de plusieurs de ces comptes, au débit desquels figurent les opérations soldées en perte pour le client, au crédit desquels la couverture ou le montant des opérations heureuses, et dont le coulissier fait ressortir le solde.

essence. Ainsi, c'est à « des considérations de fait et d'intention qui rentraient dans le pouvoir souverain des juges du fond » que la Cour rattache la conséquence logique de l'arrêt de 1724. Peut-on dire dans ces conditions que la jurisprudence le suit ? (1).

B. — LE RÈGLEMENT DÉFINITIF QUI EMPÊCHE LE CLIENT D'AGIR EN RÉPÉTITION PERMET-IL AU COULISSIER D'AGIR EN EXÉCUTION ?

C'est ici que l'arrêt de 1724 et la règle *In pari causa*, systématiquement appliqués, multiplient les divergences et les contradictions. La souscription de billets, l'inscription au compt -courant s'opposent, suivant ces deux principes, à l'action en nullité du client : symétriquement, ils devraient fonder l'action en exécution du coulissier; sinon, il y aurait deux appréciations divergentes d'un même fait, dont les caractères et la valeur changeraient suivant la qualité des personnes, client ou coulissier, qui l'invoqueraient. Or, tel est le résultat illogique auquel conduit en ligne directe la règle *In pari causa*, car si le coulissier prétend à l'exécution des billets souscrits ou au paiement du solde du compte-courant, aussitôt surgit un obstacle à son action dans l'irrégularité du fait générateur de sa créance. — L'arrêt de 1724 nécessite une distinction : il ne s'oppose pas à l'action en exécution du coulissier, tant qu'elle se base sur les billets ou sur le solde du compte-courant; mais il l'arrête, quand les billets ou l'approbation du compte sont donnés *ex ressis verbis* en règlement d'opérations faites en coulisse. Dès lors que le titre sur lequel se fonde le demandeur rappelle l'irrégularité des opérations, c'est sur cette irrégularité qu'il s'appuie; d'où le refus d'action, qui frappe les « assignations sur le fondement d'icelles ». Ainsi l'arrêt de 1724 n'échappe pas plus à l'illogisme que la règle *In pari causa* : comme elle, il donne deux mesures du règlement définitif, en considérant la souscription des billets et l'inscription au compte-courant comme règlement définitif, éteignant la nullité, vis-à-vis du client, et comme acte de non-règlement, la laissant subsister, vis à vis du coulissier. Si la symétrie rompue par cette contradiction se rétablit un moment, quand l'acte de règlement n'en mentionne pas la cause illicite, c'est au prix d'une nouvelle contradiction, toute arbitraire : car, pourquoi, en équité et en raison, la nullité, couverte par une convention muette, ne le serait-elle pas par une convention expresse ? Quand les parties rappellent la cause de leur engagement, leur volonté devient plus certaine, et leur intention plus nette ; c'est précisément l'hypothèse où l'arrêt de 1724 empêche la nullité de se couvrir. Tout n'est donc que désordre et contradiction dans la doctrine de cet arrêt, pris pour guide officiel par la jurisprudence.

Aussi doit-on s'attendre à ce qu'elle résiste à le suivre. L'arrêt de 1724 veut qu'on accorde l'action en exécution au coulissier, nanti d'un arrêté

---

(1) *Sic* Paris, 1re Ch. 15 mai 1888, 4e Ch. 21 décembre 1889, 5e Ch. 6 août 1890, *Dr. fin.* 1888, 259; 1890, 204; 1890, 440; Orléans, 13 juillet 1894, D. P. 1894, 2, 525 Descotes c. Rodrigues); trib. civ. Seine, 12 decembre 1891, *Dr. fin.* 1892, 224, *La Loi*, 5 mai 1892.

de compte, si toutefois ce dernier est muet sur sa cause illicite : les décisions, que nous avons pu relever en ce sens sur la question, donnent toutes l'action, sans jamais observer la nuance (1). Une seule fois, nous avons cru trouver cette distinction dans un arrêt de la Cour de Paris du 18 juin 1892, refusant au coulissier l'action qu'il prétendait intenter en vertu d'un arrêté de compte portant que « le client reconnaît le compte ci-dessus arrêté définitivement à la somme de 4.347 fr. 50 *pour opérations faites en coulisse* » (2). Nous soulignons ces derniers mots : exprimant le caractère illicite des opérations dans le titre allégué, c'est ce caractère illicite qu'avec le titre le coulissier évoquait, sans pouvoir échapper au refus d' « assignation sur icelles » que l'arrêt du Conseil édicte. Mais la solution que la Cour de Paris pouvait légitimer par là se trouve tout simplement expliquée par cette idée « qu'une nullité d'ordre public n'est susceptible d'aucune ratification » (3). — Ainsi, même quand la jurisprudence est d'accord avec le vieux texte de l'art. 18, ce n'est pas à lui qu'elle se rattache.

Si, de l'arrêté de compte, on passe à la *souscription de billets*, dont le coulissier demande le paiement, c'est la même impression qui se dégage : ici l'arrêt de 1724 accorde au coulissier l'action en paiement, dans le silence du titre sur sa cause : et cette solution est celle d'un certain nombre d'arrêts (4). Mais ceux-ci ne contiennent pas l'observation que, si la cause était

(1) Paris, vac. 29 septembre 1882, D P. 1883. 2, 81, S. 1883, 2, 129, P. 1883, 1, 701 ; Aix, 5 avril 1883, sous Cass. civ. 18 novembre 1884 (Ochs c. Munier), D. P. 1885, 1, 399 ; Lyon, 2e Ch. 31 juillet 1885, *Journ. des val. mob.* 1886, 41 ; Paris, 7e Ch. 11 janvier 1886, *Gaz. du Pal.* 1886, 1, 722 ; Angers, 8 août 1891, sous Cass. civ. 21 mars 1893, D. P. 1894, 1, 9, S. 1893, 1, 241, P. F. 1894, 1, 477. — Trib com. Versailles, 1er juin 1887, sous Paris, 18 décembre 1888, P. F. 1889, 2, 236. — La plupart de ces décisions sont fondées sur une idée de *ratification* (V. la note 3, *infrà*). — Sur le cas spécial où l'arrêté de comptes survenu a opéré la clôture d'un compte-courant entre les parties, v. l'affaire Descotes c. Rodrigues (Paris, 6 août 1890, Cass. civ. 15 janvier 1894 et Orléans, sur renvoi, 13 juillet 1894, D. P. 1894, 1, 119 et 2, 525, S. 1894, 1, 117) et aussi trib. com. Seine, 20 janvier 1891, *Dr. fin.* 1891, 150.

(2) Paris, 18 juin 1892, D. P. 1894, 2, 478.

(3) C'est d'ailleurs en se fondant sur la raison que la nullité, sanction de l'article 76, est une nullité d'*ordre public*, et, partant, susceptible de ne se couvrir par aucun acte d'acquiescement, par aucune ratification, que la Cour de cassation et un grand nombre de Cours d'appel décident que l'arrêté de compte ne saurait faire obstacle a ce que le client se retranche, à titre d'exception et de défense, derriere la nullité des opérations pour se soustraire au paiement, et triomphe dans cette exception. V. notamment : Cass. civ. 29 mai 1883, D. P. 1883, 1, 418, S. 1884, 1, 120, P. 1884, 1, 264 ; 28 novembre 1884, D. P. 1885, 1, 399 ; 21 avril 1885, D. P. 1885, 1, 273, S. 1885, 1, 249, P. 1885, 1, 622 ; 21 mars 1893, D. P. 1894, 1, 9, S. 1893, 1, 241, P. F. 1894, 1, 477 ; 15 janvier 1894, D. P. 1894, 1, 119, S. 1894, 1, 117. — Agen, 19 novembre 1885, S. 1886, 2, 236, P. 1886, 1, 239 ; Bordeaux, 29 juillet 1886, *Rev. des soc.* 1887, 211 ; Paris, 18 et 22 décembre 1888, P. F. 1889, 2, 236 ; 9 février 1889, *Le Droit*, 21 avril 1889 ; 18 juin 1892, D. P. 1893. 2, 478 ; Rouen, 18 janvier 1893, *Dr. fin.* 1893, 276. — Trib. civ. Seine, 10 juin 1893, *Gaz. des trib.* 1er décembre 1893.

(4) Paris, 3e Ch. 8 janvier 1886, *Gaz. du Pal.* 1886, 1, 308 ; 6e Ch. 24 mars 1887, *Gaz. du Pal.* 1887, 1, 480, *Dr. fin.* 1888, 31 ; 7e Ch. 9 juin 1888, *La Loi*, 9-10 juillet 1888 ; Lyon, 19 juin 1888, *Dr. fin.* 1889, 448.

expresse, et l'irrégularité transparente, ils refuseraient l'action. Bien mieux ils s'attachent, dans le silence du titre, à retrouver sa cause. Impossible dès lors d'admettre qu'ils suivent ici l'arrêt de 1724. Ils ne font qu'obéir à un impérieux besoin de symétrie. Après avoir décidé que la souscription de billets éteint la nullité vis-à-vis du client, ils comprennent qu'elle doit l'éteindre aussi vis-à-vis du coulissier.

En face des résultats illogiques dictés par l'arrêt de 1724 et par la règle *In pari causa*, la doctrine de la « présomption de jeu » se présente avec l'avantage de solutions concordantes. Ni la souscription de billets, ni l'inscription au compte-courant, ni même l'arrêté de compte ne sont, nous l'avons vu, avec elle un obstacle à ce que le client prenant les devants invoque à l'appui d'une action la nullité des opérations ; ni l'une ni l'autre ne sauraient donc fonder l'action en exécution du coulissier. — Aussi est-ce vers ce système logique, donnant toujours au même acte le même pouvoir, soit vis-à-vis du client, soit vis-à-vis du coulissier qu'une jurisprudence récente s'oriente. Un arrêt de la 1re Chambre de la Cour de Paris, du 20 février 1892, refuse au coulissier l'action en paiement des billets, pour la raison « que les traites portant l'acceptation (du donneur d'ordre) dont (le banquier poursuit le paiement ne sont que la représentation d'opérations de jeu, faites d'un commun accord en contravention de l'art. 76 du code de commerce » (1). — Mais à peine la théorie de la présomption de jeu apparaît-elle dans les arrêts sur cette question des *billets* qu'elle s'élimine sur la question du *compte-courant*. La jurisprudence décide que l'inscription au compte-courant opère novation et permet au coulissier de poursuivre en justice le paiement du solde (2) : or, c'est un principe que la dette de jeu ne peut être novée (3). En donnant cette solution, le tribunal de commerce de la Seine (20 janvier 1891) (4) s'écarte donc de la théorie « présomption de jeu ». Est-ce à dire qu'il rentre dans le cadre de l'arrêt de 1724, ou dans la règle *In pari causa?* Pas davantage ; mais il déclare voir dans la dette du coulissier vis-à-vis du client une obligation naturelle susceptible de devenir parfaite, c'est-à-dire civile, par la novation. Inutile d'ajouter que le raisonnement est inexact ; car, d'un acte illicite, ne saurait naître une obligation naturelle : il y a longtemps que ce point a été établi d'une façon définitive. Mais il était intéressant de relever cette décision. Elle montre que la jurisprudence n'est satisfaite, ni de l'arrêt

(1) V. les motifs fort explicites de cet arrêt rendu sur la plaidoirie de M. Louiche-Desfontaines, P. F. 1892, 2, 209 et la note très instructive de M. Louiche-Desfontaines. La jurisprudence la plus récente, fixée en ce sens, refuse l'action en paiement des billets souscrits. V. notamment : Agen, 12 août 1887, sous Cass. Req. rej. 13 mars 1889, P. F. 1889, 1, 485 ; Paris, 7e Ch. 12 mai 1888, *Gaz. des trib.* 10 octobre 1888 ; Lyon, 2e Ch. 24 juillet 1890. P. F. 1891, 2, 55 ; Paris, 9 février 1889, *Le Droit*, 21 avril 1889 ; 1re Ch. 9 février 1892, P. F. 1892, 2, 209 ; 3e Ch. 13 juin 1894, *Dr. fin.* 1895, 11 : Nîmes, 10 mai 1895, *Gaz. des trib.* 2 août 1895.

(2) Cpr. les décisions citées *in fine* note 1, page 22, *suprà*.

(3) Aubry et Rau, IV, § 297 p. 9 et § 386 p. 575 et note 9 ; pour la novation spéciale qui résulte du compte-courant, v. Lyon-Caen et Renault, *Traité*, IV, n° 824.

(4) *Dr. fin.* 1891, 150.

de 1724, ni de la règle *In pari causa*, ni de la théorie nouvelle de la « présomption de jeu ». — Si c'est là ce que le tribunal de la Seine a voulu dire, nous nous y associons pleinement.

IV

Une jurisprudence logique, ferme, sûre d'elle-même aurait, d'un principe unique, déduit systématiquement ses solutions. La nôtre, incertaine et trouble, n'adopte une formule que pour en chercher une autre; dans la série de ses déductions, elle se rattache tantôt à l'arrêt de 1724, tantôt à la règle *In pari causa*, tantôt même au système de la présomption de jeu. Ces hésitations sont significatives. Elles accusent l'insuffisance de ces trois conceptions. Aucune en effet n'est capable, faute d'exactitude juridique, de fixer la pratique et de lui donner, avec la certitude qu'elle demande, le repos que les questions les plus agitées doivent toujours finir par trouver.

A. — L'article 18 de l'arrêt du Conseil de 1724 est impuissant à supporter le poids de cette jurisprudence.

En premier lieu, cette disposition est formellement abrogée par la loi du 28 mars 1885 sur les marchés à terme (art. 3) (1). En vain la Cour de cassation, répond-elle (8 février 1888) (2) que la sanction du « refus d'action » sur le fondement des négociations irrégulières est maintenue par les lois rendues postérieurement à 1724 sur le monopole des agents de change [arrêt du Conseil du 26 novembre 1781 (art. 13), art. 4 et 7 de l'arrêté du 26 prairial an X]. Vérification faite sur les textes (3), aucun des articles ne reproduit la « deffense à tous huissiers de donner aucune assignation », dans laquelle, en 1885, la Cour suprême avait découvert la formule du refus d'action. Avant même la loi du 28 mars 1885, ce silence est déjà une abrogation tacite. — En vain oppose-t-on encore qu'en 1885 le législateur, s'occupant des seuls marchés à termes n'abrogeait l'arrêt de 1724 que dans ses rapports avec eux (art. 29 et 30) (4); tandis que pour les autres textes qu'il abroge, il a soin de préciser le numéro des articles qu'il vise, pour les arrêts du Conseil de 1724, 1785 et 1786, il dit : *Sont abrogées les dispositions des anciens arrêts;* c'est donc qu'il entend les faire tomber en leur entier. Sinon n'aurait-il pas restreint son abolition de l'arrêt de 1724 aux articles 29 et 30, comme il a restreint celle de la loi du 28 vendémiaire an IV, aux art. 15, ch. 1 et 4, ch. 2? Nul ne prétend plus d'ailleurs appliquer aux huissiers la peine de 300 livres que l'arrêt de 1724 inflige à ceux qui donnent assignation sur le fondement des opérations passées en coulisse. N'est-ce pas la preuve qu'avant la loi de 1885 l'article 18 était déjà frappé de désuétude, comme tant d'autres dispo-

---

(1) *Contrà* cependant *Pandectes françaises, Rép.* v° *Agent de change* n° 169: Lyon-Caen et Renault, IV, n° 981, p. 678.

(2) Aff. Ochs c. Munier, *précitée.*

(3) A leur date, *Manuel des agents de change.*

(4) P. F. *loc. cit.*

sitions de ce même texte, qui sont tombées d'elles-mêmes : celle, par exemple, qui exige des cartes ou marques pour entrer à la Bourse (1), ou celle qui en défend l'entrée aux femmes (2), ou encore celle qui exige des agents de change la profession de la religion catholique (3). Ainsi l'article 18 de l'arrêt de 1724 n'offre à la jurisprudence qu'un point d'appui des plus contestables et des plus contestés.

Mais il y a plus. Même en supposant que, dans l'intégrité de son texte, cet article 18 soit toujours en vigueur, il nous paraît impossible d'en faire sortir la thèse qu'en 1885 la Cour de cassation a cru pouvoir en déduire. Quand « S. M. fait deffense à tous huissiers et sergents de donner aucune assignation sur icelles (les opérations irrégulières) à peine d'interdiction et de trois cents livres d'amende », elle n'empêche pas seulement le demandeur, mais aussi le défendeur d'invoquer ces opérations, car S. M. ajoute qu'elle fait aussi « sur icelles deffense à tous juges de prononcer aucun jugement, à peine de nullité desdits jugements ». Or, si le défendeur pouvait invoquer l'irrégularité des opérations, le juge qui lui donnerait gain de cause serait obligé de baser son jugement sur cette irrégularité, c'est à-dire que, d'après l'art. 18, son jugement serait nul (4). Lu dans son entier, dans la sincérité de sa lettre, l'art. 18 affirme donc, non pas la théorie du refus d'action, mais une théorie spéciale toute différente, dans laquelle action comme exception sont également refusées à celui qui pour justifier son dire est contraint d'alléguer que les opérations sont l'œuvre d'un intermédiaire sans qualité. Après avoir condamné les empiètements du marché libre le législateur, qui les tient pour non-existants, ne veut pas admettre qu'il en soit jamais parlé en justice, soit en demandant, soit en défendant. Le client peut donc répéter après paiement en affirmant qu'il a payé sans cause, car le coulissier ne peut lui répondre que les opérations ont été faites en coulisse; inversement le coulissier ne peut jamais réclamer l'exécution d'opérations dont il ne peut parler. C'est donc une nullité complète, inflexible et continue qu'édicte l'art. 18 de l'arrêt de 1724. Cette solution, qui met d'accord les partisans de son abrogation et ceux de sa survivance éteint leur controverse désormais stérile, et nous prouve qu'en toute hypothèse le système de la nullité absolue reste seul soutenable.

B. — La règle *In pari causa turpitudinis* ne saurait pas davantage soutenir la jurisprudence qui, devant cette constatation, s'effondre. En vain les Cours d'appel, justement défiantes en face de l'arrêt de 1724, ont-elles cherché, sous ce vieux brocard, le moyen d'arrêter les effets d'une nullité qu'elles jugeaient trop sévères (5). Par quels raisonnements subtils n'ont-elles

(1) V. *Manuel*.

(2) Disposition observée cependant à Paris, v. *Manuel*.

(3) Art. 21, arrêt de 1724.

(4) Dans le même sens, mais sans argumenter, comme nous, de l'art. 18, v. Bailly, nos *Annales*, *loc. cit.*; Lyon-Caen et Renault, *Traité*. IV, nº 911.

(5) V. *suprà*.

pas dû passer pour se rallier à cette règle? Il leur a fallu dire que le coulissier, coupable d'empieter sur le monopole des agents de change, trouvait dans son donneur d'ordre un complice, par cela seul que ce dernier payait ou promettait de solder, en connaissance de cause, l'opération irrégulière? Mais, quand il n'a pas donné l'ordre d'agir en coulisse, est-il permis de le considérer comme un complice? Etre complice, c'est préparer le délit, c'est aider à le commet're (1); la complicité ne peut pas résulter d'un acte par lequel, apprenant le délit, on renonce au droit d'en demander la répression civile. Si le client est complice, il tombe d'ailleurs, comme le coulissier, sous le coup de la sanction pénale qui protège incontestablement le monopole des agents de change : or, qui oserait le prétendre? Enfin, peut-on dire sans ridicule qu'il est déshonorant de recourir aux coulissiers pour négocier des valeurs cotées? Quelle honte, quelle « turpitude » y a-t il donc là (2)? Et si vraiment l'on peut employer ici de tels mots, l'infamie n'est-elle pas bien plutôt du côté du client qui refuse de subir les conséquences de son ordre que du côté du coulissier, qui, après s'y être loyalement conformé, en réclame justement l'exécution?

Quand bien même la vieille règle romaine serait encore en vigueur, elle ne saurait donc s'appliquer aux négociations en coulisse ou sur valeurs cotées. A plus forte raison, doit-elle être écartée ici, car en elle-même elle est inadmissible. Longtemps reçue, parce que sa rédaction latine lui donnait une certaine force, elle est l'expression fidèle des traditions de l'ancien droit. Pothier la suivait encore (3). Mais le droit moderne la rejette. Les art. 1131 et 1376 C. civ. la repoussent, lorsqu'ils posent sans réserves les principes, le premier, de la nullité pour cause illicite, le deuxième de la répétition de l'indû. Désormais l'action est ouverte à tous les intéressés : nul, quelque indigne qu'il paraisse, n'est exclu du droit de les intenter. La démonstration en a été trop souvent faite (4); nous n'y voulons pas revenir : elle est définitivement acquise, depuis qu'en 1884 elle a reçu la consécration de la Cour suprême (5).

La règle *In pari causa*, désormais écartée du droit commun, ne saurait sans contradiction trouver, en notre matière, une autorité qui partout ailleurs lui est refusée. Dirait-on que l'arrêt de 1724 base sur elle son refus d'action et que, sur le fondement de ce texte, elle reste toujours en vigueur, en vertu du principe : *Generalia specialibus non derogant?* Ce raisonnement

---

(1) Cpr. art. 60, C. pén.

(2) Crépon, *op. cit.* p. 61.

(3) *Des obligations*, n° 43.

(4) Demolombe, *Contrats*, IV, n°ˢ 433-442; Colmet de Santerre. V, 49 *bis* ; Pilette, *Revue pratique*, 1863, XV, p. 467.

(5) *Contrà*, Cass. 15 décembre 1873, S. 1874, 1, 241 [et la note de M. Dubois], P. 1874, 625; Rennes, 26 août 1884, sous Cass. 25 janvier 1887, *infrà. Sic.* Cass. civ. 11 février 1884, S. 1884, 1, 265; 25 janvier 1887, D. P. 1887, 1, 465 [et la note de M. Poncet]: Caen, sur renvoi du précédent, 16 janvier 1888, D. P. 1888, 2, 319; Lyon, 23 janvier 1884, S. 1884, 2, 49 [et la note de M. Lyon-Caen]; Trib. civ. Seine, 1ʳᵉ Ch. 10 mai et 26 juillet 1894, *Rer, des soc.* 1894, p. 310 et 488.

ingénieux, auquel on ne saurait penser que pour l'abandonner (1), ne tient pas devant un examen attentif de l'arrêt de 1724 : ne réclamant pas, comme la règle *In pari causa* la connaissance de cause, pour condition au refus d'action, ce n'est pas d'elle qu'il peut procéder. D'ailleurs, tandis que la règle *In pari causa* tend en certains cas à faire obstacle à la nullité, l'art. 18 de l'arrêt de 1724, sainement interprété, la fait toujours triompher.

C. — Reste la théorie qui se dessine, non sans force, dans la toute récente jurisprudence : celle qui conçoit les opérations passées par des intermédiaires sans qualité comme des opérations légalement entachées de jeu. Cette opinion, d'abord toute spéculative, prend dans l'arrêt de 1724 un certain fondement. Dans ses arrêts de 1885, la Cour de cassation n'avait fait porter son attention que sur l'article 18 de ce texte. Mais il faut bien se garder de le détacher de l'article 17 (2), qui le précède et nous explique pour quelle raison les opérations en coulisse sont frappées de nullité : c'est, dit le texte « pour détruire les ventes simulées » (3). On craint que le coulissier, au lieu d'exécuter l'ordre, se contente de jouer contre son client. Voilà pourquoi les opérations à lui confiées sont nulles; c'est qu'en vertu d'une présomption légale elles sont censées constituer un pur jeu.

Si habilement qu'il soit présenté, ce système est des plus fragiles. Au moment où le législateur bannit des marchés à terme, sinon peut-être l'exception de jeu (4), du moins à coup sûr la présomption de jeu (5), comment admettre qu'il la maintienne sur le terrain des opérations passées en coulisse ? Pour détruire les ventes simulées, l'arrêt de 1724, sur lequel on se fonde, avait organisé deux présomptions de jeu : l'une dans les marchés à terme (art. 29 et 30) (6), l'autre dans les négociations passées sans ministère d'agent de change (art. 17 et 18). Comment dès lors admettre que le législateur de 1885, hostile à la présomption de jeu, la poursuive dans les marchés à terme et la respecte dans les opérations en coulisse ? En abolissant, même d'une façon relative *secundum subjectam materiam*, l'arrêt de 1724, il a dû viser l'article 17 qui rentre ainsi dans la matière qu'il traite, et l'abroger. S'il était vrai que toute opération faite en coulisse fût entachée d'une présomption de jeu, il en serait ainsi, quelle que soit la valeur, cotée ou non cotée, objet de la négociation : c'est en effet ce que décidait l'article 17 de l'arrêt du Conseil; mais aujourd'hui que l'intervention des agents de change restreinte à certaines valeurs n'est exigée que pour certaines opérations, comment dire que

(1) *Sic*, Thaller. *Examen doctrinal de la jurispr. comm.* dans *Rev. critique.* 1886. p. 298.

(2) Boistel, note précitée, D. P. 1893, 2, 17.

(3) V. le texte à sa date dans le *Manuel des agents de change.*

(4) Sur la manière dont la jurisprudence a cru pouvoir maintenir après la loi du 28 mars 1885, dans les marchés à terme, l'exception de jeu. on trouvera spécialement toutes les indications désira les dans la note de M. Wahl. S. 1895, 2, 247, sous Paris, 30 juin 1894.

(5) Il est incontestable en effet qu'en lui-même le marché a terme est présumé sérieux. C'est à celui qui l'argue de jeu d'en faire la preuve.

(6) V. le texte dans le *Manuel.*

leur intervention exigée seulement dans quelques-unes a pour but de sauvegarder les spéculateurs du danger de jeu qui les menace dans toutes? Si ce motif était vrai, c'est donc à *tous* les titres que le monopole des agents de change devrait s'appliquer. — De même aussi, la vente directe serait également proscrite; car si l'agent de change, par son ministère, empêche seul le jeu, le soupçon doit se porter sur toutes les opérations qui lui échappent : c'était encore la décision expresse de ce même article 17 dont on excipe aujourd'hui. La doctrine et la jurisprudence la repoussent (1), comme la loi rejette aussi sans conteste celle qu'il donnait relativement à l'étendue absolue du monopole. Pourquoi dès lors maintenir ce texte sur un seul point, quand sur tous autres on l'écarte? Dans ses diverses solutions, tout se lie. S'il sanctionne l'absence d'agent de change par une présomption de jeu, il en deduit les conséquences en étendant le monopole à toutes valeurs, et en prohibant les ventes directes Aujourd'hui que les conséquences du principe sont tombées, comment le principe lui-même pourrait-il subsister? En 1724, le monopole des agents de change était peut être conçu dans l'intérêt des parties. Maintenant il l'est dans l'intérêt des valeurs négociables elles-mêmes (2). C'est pour assurer la régularité des cours qu'il est établi. Les opérations en coulisse ne sont pas interdites parce qu'on veut défendre les donneurs d'ordre contre le jeu, mais bien parce qu'on veut défendre les fonds d'Etat contre la baisse (3). Avec cette idée comme base, le monopole des agents de change ne peut plus reposer sur une présomption de jeu.

(1) V. dans le sens de la légalité des ventes directes : Cass. civ. 22 avril 1885, D. P. 1885, 1, 273, S. 1885, 1, 249, P. 1885, 1, 622 ; 28 fevrier et 26 mars 1886, S. 1887, 1, 399 ; Req rej. 20 mai 1889, 2ᵉ arrêt, S. 1892, 1, 390 ; Civ. 11 décembre 1888, D. P. 1889, 1, 239, S. 1889, 1, 112, P. 1889, 1, 267 ; 21 mars 1893, S. 1893, 1, 241. — Paris, 30 janvier 1882 ; Toulouse, 4 mars 885, sous Cass. civ. 29 juin 1885, D. P. 1885, 1, 273, S. 1885, 1, 249, P. 1885, 1, 622 ; Bordeaux, 8 mars 1885, S. 1885, 2, 150 ; Orléans, 20 novembre 1886, S. 1887, 2, 49, P. 1887, 1, 322. — V. aussi en doctrine, Ruben de Couder, *Dict. de dr. comm.* vᵒ *Agent de change*, nᵒ 94 ; Labbé, note sous Cass. Req. 28 février 1881, S. 1881, 1, 289 ; Buchère, *Op. de bourse*, nᵒ 307, p. 240 ; Lyon-Caen et Renault, *Précis*, I, nᵒ 1482 et *Traité*, IV, nᵒˢ 898 et 1007 ; Deloison, *Traité des valeurs mobilières*, nᵒ 313, p. 369.

V. cependant (Cf. *suprà*, p. 12, note 4) une restriction récente prononcée par certains arrêts : le ministere d'un agent de change, non imposé pour la vente directe au comptant, serait au cont. aire ol ligatoire dans les opérations a terme se soldant par des différences : Cass. civ. 21 mars 1893, D P. 1894, 1, 9 (et note interprétative de M. Lacour), S. 1893, 1, 241 (et note en sens contraire de M. Ch. Lyon-Caen), P. F. 1894, 1, 477, *Gaz. du Pal.* 1893, 1, 326 ; Paris, 30 juin 1894, S. 1895, 2, 262.

La vente directe souleve des questions de preuve fort délicates dans le détail desquelles le cadre de cette étude ne nous permet pas d'entrer.

(2) « Le gouvernement, en se réservant le droit de nommer les agents de change, dont il limitait le nombre, en les soumettant a sa surveillance, et en leur accordant un privilège qui chassait de la Bourse tous autres intermédiaires, esp rait que les mandataires officiels qu'il imposait au public sauraient défendre le crédit de l'Etat contre les attaques de ses ennemis. On le répete s ns cesse, ce monopole n'est établi que dans un intérêt social. » Bailly, *loc. cit.* p. 208.

(3) Chaque fois que la police inquiète la coulisse, c'est après une baisse subite, dont on la rend responsable [1817, 1823, 1840, 1850, 1854]. V. Salzédo, *op. cit.* p. 4.

V

Est ce à dire qu'il est impossible de réaliser correctement le *desideratum*
pratique auquel la Cour de cassation s'efforçait de donner satisfaction en
1885 ? Elle voulait que la nullité, sanction du monopole des agents de
change, s'arrêtât devant les opérations closes et les comptes définitivement
liquidés. Ni l'arrêt du Conseil de 1724, ni la règle *In pari causa turpitudinis*,
ni la doctrine de présomption de jeu ne le permettent : les hésitations des
arrêts le disent, et leurs contradictions l'avouent. Mais, si le problème posé
pour la première fois en des termes excellents en 1885 n'est pas encore
résolu, ce n'est pas qu'il soit insoluble; c'est plutôt que les méthodes em-
ployées jusqu'ici sont défectueuses, et qu'il convient d'en chercher une
autre.

C'est à la découverte de cette méthode que nous voudrions apporter une
contribution. Rejetant l'effort ingénieux des restitutions historiques, avec
l'arrêt de 1724, — écartant la tradition séculaire des vieux principes, avec la
règle *In pari causa*, — résistant enfin à la séduction des idées nouvelles,
représentées par la théorie subtile de la « présomption de jeu », — nous
croyons que la clef du problème est ailleurs; inutile de chercher si loin la
raison d'une solution toute naturelle.

Quand un différend s'élève entre coulissier et client, à l'occasion d'un
compte clos par la convention des parties, le client ne perd aucunement par
ce règlement le droit de revenir sur le compte ; mais en le recevant il a déchargé son mandataire du devoir de s'en justifier. Tandis qu'avant le règlement le mandataire ne pouvait se justifier normalement qu'en rapportant par
des bordereaux d'agent de change (1) la preuve d'une exécution régulière,
après la réception de ses comptes au contraire on doit juridiquement présu-
mer qu'il a régulièrement opéré par agent de change. En vain le donneur
d'ordre réclamerait il plus tard à son mandataire les bordereaux justifica-
tifs : en réglant les opérations, il l'a déchargé du soin de lui représenter ces
pièces comptables, désormais sans raison d'être. Jusqu'à ce moment le client
pouvait demander au mandataire de justifier, par bordereaux, de la validité
des opérations (art. 1993 C. civ.) (2): passé ce moment c'est au client de
prouver que les opérations sont irrégulières. Le règlement des opérations
n'agit donc pas sur la nullité, comme le dit la jurisprudence, mais *sur la*

---

(1) Le manque de bordereaux peut au besoin être suppléé par un extrait des carnets
ou livres des agents de change d'où résulte une concordance de titres, de dates et de
cours avec ceux mentionnés sur les livres des banquiers (Lyon, 20 novembre 1889, *Dr. fin.*
1890, 84). — V. sur cette preuve *Pandectes françaises. Rép.* v° *Agent de change*, n°s 152
à 161.

(2) Une jurisprudence constante met a la charge du coulissier mandataire la preuve de
la régularité des opérations, depuis un arrêt de la Ch. civ. du 29 mai 1883 (D P. 1883.
1, 418, S. 1884, 1, 120, P. 1884, 1, 264) tranchant en ce sens la question qui antérieurement divisait les Cours d'appel. — La plupart des auteurs approuvent cette jurisprudence. V. cependant Lyon-Caen et Renault, *Traité*. IV. n° 913.

charge de la preuve, dont il opère le renversement. Avant comme après la clôture des opérations, la nullité reste toujours invocable (1); seulement tandis qu'auparavant la preuve tombait à la charge de l'intermédiaire défendeur, c'est postérieurement sur le donneur d'ordre, demandeur, que la rejettent les principes généraux du droit.

Or, sur cette question de preuve, c'est le procès tout entier qui se joue. Si le banquier peut aisément faire la démonstration de la régularité des opérations légalement passées, le client, lui, ne peut pas, en pratique, faire celle de l'irrégularité des opérations illégales. Comment en effet la démontrerait-il? — Par l'infériorité des courtages? Elle est commune aux agents de change et aux coulissiers (trib. com. Seine, 2 août 1820)(2) — Par la différence du terme des liquidations, en fin de mois en coulisse, bimensuelles au parquet? Mais l'observation ne serait pas décisive parce que les mêmes valeurs qui bénéficient en Bourse d'une double liquidation peuvent s'y négocier également à l'échéance qui suit celle de la liquidation en cours, et par conséquent en fin de mois. — S'attachera-t-on aux quotités de négociation? Au parquet, les opérations à terme ne se font que par quotités fixes, par exemple, par 1,500 fr. de rente 3 0/0, en coulisse au contraire par toutes quotités; mais ce détail n'exclut pas l'intervention des agents de change, parce que les banquiers peuvent légalement se grouper ou réunir les ordres de leurs clients, pour atteindre dans une exécution collective le taux réglementaire. — La seule manière de reconnaître l'exécution en coulisse tiendrait à ce que la coulisse seule pourrait opérer après trois heures de l'après-midi à la Bourse du soir; mais à présent que la Bourse du soir est fermée, le moyen manque ; serait-elle rétablie qu'il suffirait aux coulissiers d'antidater l'heure pour assurer la certitude des opérations closes.

Rejeter sur le client, après le règlement, la charge de la preuve, c'est donc, en définitive, couvrir par là, d'une façon détournée, mais sûre, la nullité des opérations (3).

Si notre système diffère dans son principe de la jurisprudence, il s'en rapproche dans ses effets. Le paiement, l'arrêté de compte, la souscription de billets, l'application anticipée ou ultérieure de la couverture aux opérations, l'ordre de passer l'opération au débit du compte-courant, tous les actes qui renferment une approbation expresse ou implicite des comptes, renvoyant au client la charge d'une preuve impossible couvrent, sinon *en théorie*, du moins *en pratique* le vice d'opérations qui, illicites en fait, sont en droit, la preuve du contraire faisant défaut, censées régulières.

---

(1) On voit qu'ainsi nous nous rallions, en theorie pure, a la doctrine des auteurs qui, sur le fondement des principes de la nullité absolue, enseignent que la répétition demeure toujours ouverte au client (Lyon-Caen et Renault, *Traité*, IV, n° 911 ; Bailly, *op. cit.* p. 219) : cette doctrine, la seule juridiquement admissible est donc, en dépit des apparences, parfaitement concilia le avec les nécessités de la pratique.

(2) Cpr. Wahl, *Titres au porteur*, II, p. 31.

(3) Cf. Wahl, *eod. loc.* p. 33.

L'idée que nous esquissons a-t-elle été déjà signalée par la doctrine ? Nous n'en avons pas trouvé trace. L'auteur qui s'en rapproche le plus est M. Buchère qui, dans une intéressante note des *Pandectes françaises*, exprime une opinion assez voisine, mais bien distincte : « Quand les opérations de Bourse faites par intermédiaire sans qualité sont suivies d'un arrêté de compte approuvé et accepté par le donneur d'ordre, alors qu'il connaissait l'irrégularité des négociations, il s'est formé entre ce dernier et son mandataire une convention nouvelle, un contrat *sui generis*, comme celui qui résulte de l'arrêté de compte volontaire. qui ne peut être révisé que pour erreur ou omission (v art. 541 du C. pr. civ. dont les dispositions sont applicables, même au compte extra-judiciaire.) Dès lors toute action tendant à la répétition des sommes comprises dans ce compte doit être repoussée. » (1)

Une différence très évidente sépare cette conception de la nôtre. Pour M. Buchère l'arrêté de compte forme une convention valable par elle même, qui doit s'exécuter sans qu'il soit permis de la reviser, hors le cas d'erreur et d'omission. Mais pour que cette novation de la dette ancienne en cette dette nouvelle soit possible, il faut que la première obligation soit valable, et que le compte arrêté soit licite. Ce système se heurte donc de front à l'objection suivante : on ne peut, par arrêté de compte, ratifier, confirmer ou nover une dette entachée d'une nullité d'ordre public (2). Dans notre opinion, au contraire, cette objection ne porte pas, puisqu'en arrêtant le compte le client n'a pas nové la dette nulle en dette valable, mais a simplement déclaré tenir les opérations pour régulières et conformes à son mandat, par une convention qui décharge le mandataire d'en servir à nouveau la preuve. Ainsi nous échappons à la critique qui détruit le système tout différent de M. Buchère.

L'opinion que nous venons d'exposer n'a pas encore d'appui dans la doctrine ; elle est cependant en germe dans la jurisprudence. Témoin cette intéressante décision du tribunal de commerce de la Seine (11 juin 1884) confirmée par la Cour de Paris (10 décembre 1886) (3), dans laquelle on lit : « Que jusqu'à preuve du contraire la ratification est valable ; qu'on ne saurait, en effet, exiger que le mandataire, après le règlement de son compte, puisse être tenu, jusqu'à l'échéance de la prescription, de rester à la disposition du mandant, pour lui fournir à nouveau des justifications produites ou lui en donner de nouvelles non demandées ». C'est là l'idée juste qu'en 1885, pour protéger les liquidations closes contre les intolérances de la nullité, la jurisprudence développait. quand brusquement les grands arrêts de la Cour suprême du 22 avril et du 29 juin vinrent arrêter cette évolution commen-

---

(1) Note sous Paris, 6ᵉ Ch. 3 mars 1892, P. F. 1893, 2, 33.

(2) La nullité des opérations passées en coulisse, sanction de l'art. 76, n'est susceptible de se couvrir par aucun arrêté de compte, par aucune ratification ou confirmation. V. sur ce point acquis en jurisprudence a l'heure actuelle les arrêts cités *suprà*, p. 22, note 3.

(3) *Journal des valeurs mobilières*, 1886, p. 252 ; Cf. Paris, 3ᵉ Ch. 13 mai 1885, D. P. 1886, 2, 201, et trib. civ. Seine, 25 juin 1886, *Journ. des val. mob.* 1886, 233.

çante. Maintenant que, des principes posés par ces arrêts, l'insuffisance éclate, pourquoi la jurisprudence ne reprendrait-elle pas son œuvre au point où elle l'avait alors laissée? (1).

(1) Nous n'avons envisagé, au cours de cette étude, que le cas où c'est le donneur d'ordre qui invoque contre le coulissier, soit à l'appui d'une action, soit par voie d'exception, la nullité des opérations faites en coulisse. L'hypothèse inverse ne soulève, en effet, aucune difficulté. Le coulissier (pratiquement le syndic de sa faillite), ne pourrait invoquer l'irrégularité des négociations, pour s'en attribuer le bénéfice, qu'en rapportant l'ordre formel d'agir en coulisse (V. en ce sens, Cass. Req rej. 9 novembre 1892, sur Paris, 21 mars 1890. D P. 1894, 1, 78; Paris, 19 janvier 1891, *Dr. fin.* 1891, 296; 9 mars 1891, *Dr. fin.* 1891, 373; 5 mars 1892, D P. 1893, 2, 17; Poitiers, 1re Ch. 23 mai 1892, *Dr. fin.* 1892, 357; Paris, 7 janvier 1893, *Dr. fin.* 1893, 54: 17 juin 1893, *Gaz. des trib.*, 29 septembre 1893; Trib. com. Seine, 8 août 1890, *Dr. fin.* 1890, 391; 31 octobre 1890, P. F. 1891, 2, 345; — Lyon-Caen et Renault, *Traite*. IV, no 909); mais cette preuve faite, il doit triompher : « l'accomplissement du mandat de faire une chose illicite ne crée aucun lien « de droit entre le mandataire et le mandant » (Trib com. Seine, 21 novembre 1889, sous Paris, 9 mars 1891, cité *sup)à*. V. en ce sens : Paris, 1er février 1882, D. P. 1883, 2, 81, S. 1883, 2, 129, P. 1883, 1, 701 ; 13 novembre 1881, D. P. 1883, 2, 81 ; 3 mars 1892, P. F. 1893, 2, 33; 11 mars 1892, *Gaz. du Pal.* 1892, 1, 563, *Dr. fin.* 1892, 263. *A contrario* des décisions citées *suprà*. C'est l'application incontestable des principes généraux en matière de mandat.